U0031676

THE
BASIC LAWS
OF HUMAN
STUPIDITY

卡洛·M·契波拉
CARLO M. CIPOLLA

蠢　人　基　本　定　律

出版序
PUBLISHER'S NOTE

《蠢人基本定律》（*The Basic Laws of Human Stupidity*）原以英文寫就，一九七六年才首度印製成冊，本本編號、限量私藏，更印有「磨坊瘋人」（Mad Millers）這個令人傻眼的出版社名稱。

作者認為，這篇短文唯有閱讀英文原文才能充分理解，因此多年來拒絕授權任何翻譯。直到一九八八年，他才答應讓人譯成義大利文出版，收錄於《快，但不過快》（*Allegro ma non troppo*）[*]一書，同書另有《胡椒、酒（與羊毛）：牽動中世紀社經發展之動態因素》（*Pepper, Wine*

---

[*] 編按：此為義大利版書名，原為古典音樂術語，allegro在義大利文中意為「快板」（同時也帶有「歡樂」的含義），ma non troppo則表示「不要太快」。在此照字面意思翻譯。

[and Wool] as the Dynamic Factors of the Social and Economic Development of the Middle Ages）一文，該篇一樣是以英文寫成，且作者早於一九七三年耶誕節期間即交由磨坊瘋人推出私閱版。

長年以來，無論是在作者的祖國義大利，或是流通其他譯本的國家，《快，但不過快》都穩居暢銷排行榜。但說來諷刺，英文原典卻從未付梓上市——作者若地下有知，想必也會覺得好笑吧。

有鑑於此，就在義大利文版出版近四分之一世紀後，《蠢人基本定律》的英文版無疑是首度原汁原味地公諸於世。*

---

* 編按：英文版於二〇一一年問世，本中文版即按照英文原典翻譯而成。

目錄

CONTENTS

「磨坊瘋人」致讀者的話

THE MAD MILLERS TO THE READER

在一九七六年的私閱版中，本書作者親自寫下了這段出版說明：

本書由磨坊瘋人出版社限量印刷，書中內容並非針對愚蠢之人，而是要寫給那些有時不得不應付蠢人的讀者。因此，收到本書的人絕不可能落入基本分類圖（詳參P36 圖一）左下方的 S 區。光是在此向各位補充說明這點，都像是在做好事，不過超越責任義務的善行義舉總得有人來扛。畢竟正如中國哲人所言，博學雖為普世智慧之源，但偶爾也會引起朋友之間的誤會。

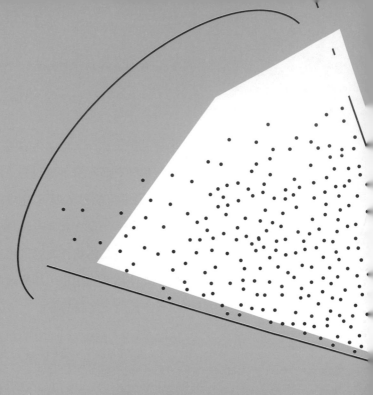

INTRODUCTION

前言

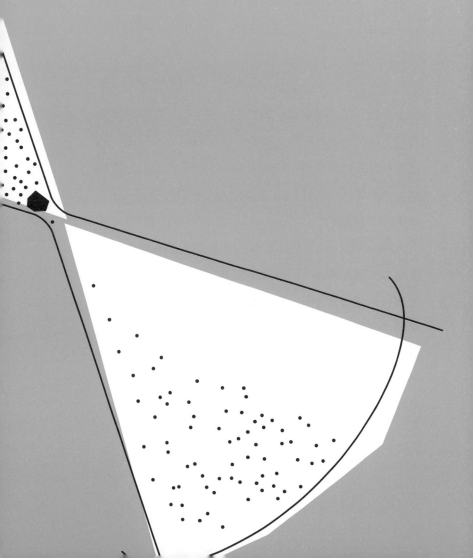

不可諱言，如今世風敗壞，而這其實不足爲奇。放諸古今，世風早就敗壞已久。無論是單一個體或社會群體的一份子，只要身而爲人都得承擔種種麻煩和苦痛，這種沉重包袱基本上是生命本身必然會有的後果，因爲當初上帝造人，生命就是以一種最不可能（我敢說根本就蠢爆）的方式形成的。

在達爾文提出演化論之後，我們明白人類與低等動物同源，無論是迷你如蠕蟲、龐然如大象，每日都得承受各自的考驗、困境與磨難。然而，人類既然享有特權，勢必得背負額外的重擔——即人類內部每天找自我族類麻煩的某一群人。這群人威力之強大，連黑手黨（Mafia）、軍事工業複合體（the Military Industrial Complex）、國際共產主義（International Communism）都望塵莫及；**這群人沒有組織、缺乏認可、無人領導又毫無律法可言，卻能漂亮地齊心協力運作，宛如背後有一隻隱形之手在引導他們，每一份子的言行都能大幅促進、強化其他成員的行動效能**。而這群人的本質、性格與行爲正是接下來本文所要討論的主題。

容我在此節骨眼聲明一下：這本小書並不是脫胎於犬儒（cynicism）的厭世心態，也不是實踐消極的失敗主義（defeatism）——說穿了不過是一本微生物學（microbiology）的教科書，純屬研究性質。**本書實則抱持積極務實的態度，企圖帶領讀者辨認、了解阻礙人類幸福快樂的那一股最為強大的黑暗勢力，然後盡可能地設法與之抗衡。**

CHAPTER I

THE
FIRST
BASIC
LAW

第一章

蠢人基本定律 第一條

從古到今，

人人都低估了

橫行社會的

蠢人數量。

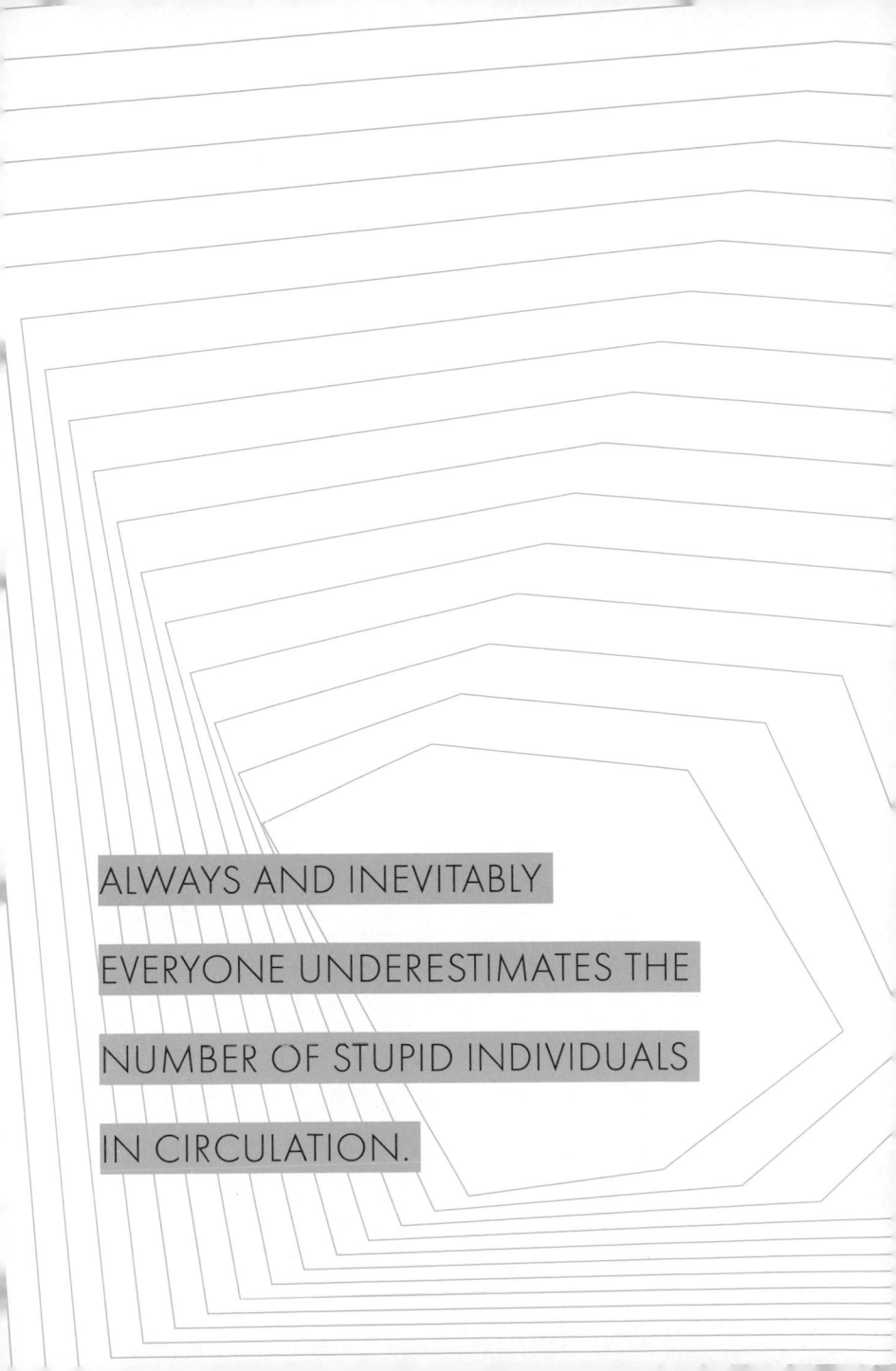

ALWAYS AND INEVITABLY

EVERYONE UNDERESTIMATES THE

NUMBER OF STUPID INDIVIDUALS

IN CIRCULATION.

蠢人基本定律第一條就要開門見山：

從古到今，人人都低估了橫行社會的蠢
人數量。*

這句話乍聽小家子氣、語意不明又有夠不厚道。然而，
仔細思量就會發現非常貼近現實。無論大家多高估人類
的愚蠢，都會一而再、再而三地對以下事實感到詫異：

一、原以為理性又聰明的人，最後卻變得厚顏無恥又愚蠢。

---

* 原書註：《新約聖經》編纂者就很清楚這條定律，將之換句話說寫成
　「stultorum infinitus est numerus」（愚蠢之人不計其數），只是寫得詩意
　便顯誇飾過頭。蠢人數量不可能無限，因為活人的數量有限。

二、愚蠢之人會日復一日、如無限迴圈般地擾亂別人的活動，老是毫無預警地在最令人尷尬的地點和最不適當的場合現身。

有鑑於第一條基本定律，我難以給出總人口內確切的蠢人比例，無論最後得出什麼數字，終究都只是低估。因此在後面章節中，我統一用「σ」這個符號＊＊來表示蠢人的人口比例。

＊＊ 譯按：σ 在數學中代表「求和」或「加總」，在統計學中表示「標準差」。

CHAPTER II

THE
SECOND
BASIC
LAW

第二章

蠢人基本定律 第二條

全然無關乎這個人

的其他特質。

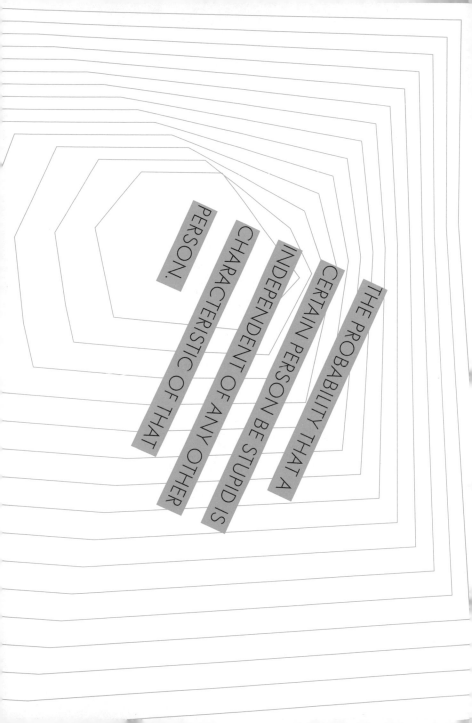

THE PROBABILITY THAT A CERTAIN PERSON BE STUPID IS INDEPENDENT OF ANY OTHER CHARACTERISTIC OF THAT PERSON.

歐美國家當前流行的文化趨勢認同「人生而平等」的觀點。社會大眾老愛把人類想像成是一台設計精良、大規模生產機器製造出來的產物。遺傳學家和社會學家更是極盡所能，運用整套令人佩服的科學數據和公式，企圖證明人類天生平等，而假如有人比其他人更平等，也是歸因於後天（nurture）而不是天性（nature）。

我對上述常見觀點持反對意見。經過多年觀察和實驗佐證後，我堅信人類並不平等，分成蠢人和非蠢人，兩者差異是先天決定，而不是取決於文化力量或因素。一個人天生愚蠢，就像天生是紅髮一樣自然；一個人生來就屬於蠢人這個類別，就像生來是某種血型一樣自然。蠢人天生就是蠢人，這是上帝的旨意。

雖然我相信人類有一定比例（σ）的愚蠢，而且這是先天基因導致，但我並不是什麼反動份子（reactionary），沒有想要偷渡階級或種族歧視的議題。我堅信愚蠢是人類的特權，不分族群，而且按照固定比例均勻分布在世界各地。此一事實可用第二條基本定律的科學表述如下：

> 一個人是蠢人的機率，全然無關乎這個
> 人的其他特質。

就此來看，只有大自然能超越大自然。眾所周知，人自然十分神祕地讓某些自然現象的頻率保持恆定。舉例來說，無論人類是在北極還是赤道繁衍後代，無論情侶或夫妻身處已開發或未開發國家，無論膚色是黑、是紅、是白或是黃，新生兒的男女比例都是常數，其中男性比例略高。我們不曉得大自然是如何實現這麼了不起的成果，但我們知道，為了達成目標，大自然必定是用極大數量來運作。最出人意表的是，大自然成功地讓愚蠢發生率等同於蠢人比例 σ，而且完全與群體規模大小無關。因此，無論關乎的群體是大是小，我們都會發現蠢人的比例雷同。這種現象明顯證明了大自然力量的神奇，任何人類所能觀察到的現象都難以比擬。

根據全球各地多所大學的實驗結果，也證明教育程度與蠢人出現機率 σ 之間，毫無關係。我們可以把大學內部

的群體劃分爲五大類，分別是藍領員工、白領員工、學生、行政人員與教授。

每當我分析藍領員工，就發覺其中有 σ 的比例是蠢人。由於 σ 值比我預期的要高（根據第一條定律），因此我順著當前文化趨勢去思考，認爲這應該歸咎於種族隔離、貧窮和教育程度低落。但隨著分析的社會階級愈來愈高，我發現在白領員工和學生中也普遍存在著相同的蠢人比例。教授群體內的蠢人比例更是令人感到不可思議。無論我觀察的是大型綜合大學或小型學院、不管該所學校是名聲響亮或默默無聞，都可發現有 σ 比例的教授是蠢人。對此結果一頭霧水的我，刻意將研究拓展到一個特定群體，即真正的**菁英**──諾貝爾獎得主。結果再次證實了大自然至高無上的力量：在諾貝爾獎得主中，蠢人的比例也是 σ。

這著實讓人無法接受也難以理解，但太多的實驗都證明了此結論千真萬確。蠢人基本定律第二條是鐵律，毫無例外。女性解放運動必定會支持這條定律，因爲這代表

男女中的蠢人比例一樣高。第三世界的低度開發國家或許也能聊表安慰，因為他們可以藉此證明已開發國家也沒進步到哪裡去。然而，無論諸位喜不喜歡第二條基本定律，其背後的涵意都十分嚇人：這條定律意味著，**不管你人在哪裡**，不論是在上流社會跟有頭有臉的人打交道、在時興波利尼西亞 (Polynesia) 獵頭習俗的島上抱頭鼠竄、把自己關在修道院裡，抑或是下半輩子鐵了心要與風情萬種的美女相伴左右，**你都得面對同樣比例的蠢人**——而且比例之高（根據第一條定律），必定會出乎你的意料。

A
TECHNICAL
INTERLUDE

第三章

插播：觀念小教室

此刻，首要之務是闡明人類愚蠢的概念，並界定不同登場人物的特徵（dramatis persona）。

不同程度的社交傾向界定了每個人的特性。對有些人來說，但凡與他人有一丁點接觸，都是痛苦萬分且身不由己。他們不得不容忍別人，別人也不得不容忍他們。而在同樣光譜另一端的人則絕對無法獨自生活，甚至寧願花時間與自己不大喜歡的人相處，也不願獨處。在這兩個極端之間，存在著各式各樣的狀況，不過目前看來，「無法面對孤獨」的類型遠多於「討厭人際互動」的類型，絕大多數的人都比較接近前者。古希臘哲學家亞里斯多德（Aristotile）體認到這點而寫下「人是社會的動物。」（Man is a social animal.）這句話可以由下列事實證明：我們是在社會群體中活動的、已婚者多於王老五和大齡剩女、人會將大把金錢和時間浪費在有夠累人的無聊社交聚會上，而且**孤獨**一詞通常帶有負面意涵。

無論你是山中隱士還是社交名流，都免不了要與人打交道，只是頻率不同。就算是隱士也會有碰到人的時

候。此外，那怕是刻意離群索居，也會對人類產生影響。譬如，我原本可以替某人或某群體做點事，最後卻沒有付諸行動，這對那個人或群體來說就是機會成本（opportunity cost，即少了利益或損失）。

這件事帶來的啟示是，我們每個人與他人之間都有人際資產（balance）。無論是付諸行動或毫不作為，每個人都會從中獲益或蒙受損失，同時也會給其他人帶來利益或損失。這樣的損益可以用圖表清楚呈現，下頁圖一就是為此繪製的示意圖。

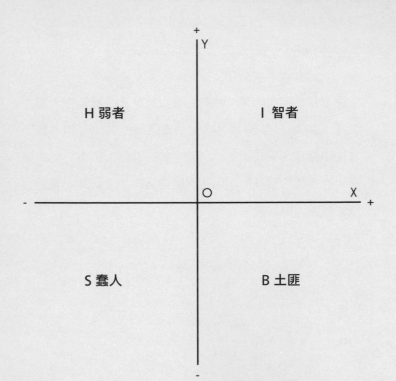

H 弱者　　　　　I 智者

S 蠢人　　　　　B 土匪

圖一

該圖是以某人爲例子，我們姑且就叫他湯姆（Tom）吧。X 軸衡量湯姆從自身行爲中得到的損益，Y 軸顯示他人或群體從湯姆的行爲中得到的損益。利益的值可以是正數、零或負數，負數實際上就是損失。X 軸的值落於原點 O 右側代表湯姆的利益，落於原點左側代表湯姆的損失；Y 軸的值落於原點 O 的上下方，表示湯姆來往對象（個人或群體）的損益；O 點上方表示利益，O 點下方則爲損失。

爲了更清楚地說明，我們參考圖一來假設以下的情境：湯姆採取的某項行動影響到迪克（Dick）。假如湯姆從中獲益，而迪克卻有所損失，這項行動就會被標示爲上圖 B 象限中的一個點。

視個人需要，損益也可以用美元、法郎等不同貨幣記錄在 X 軸和 Y 軸上，但還必須涵蓋心理和情感上的獎勵、滿足感，以及壓力。這些都是無形要素，難以採取客觀標準來衡量。成本效益分析固然不能治本，但還是有助於解決問題，而我並不想拿這類技術上的細節來煩死各

位讀者：凡是不夠精確，必然會影響衡量的結果，但這並不影響論證的本質。不過尚有一點必須釐清：思考湯姆的行動時，當然要採用湯姆的價值觀，但要確定迪克是損失（負數）或獲利（正數），判斷標準是迪克的價值觀，而非湯姆的。這條公平原則太常遭人遺忘，老是有人缺乏這種基本的文明素養，因而引發一大堆麻煩。容我再舉一個常見的例子：湯姆敲了一下迪克的腦袋，從中獲得了滿足感。他也許會一廂情願地認為迪克也很開心被敲頭。但迪克可能不贊同湯姆的看法，反而覺得被打令他不爽。迪克被打這件事，對迪克而言究竟是獲益還是損失，要由迪克來決定，而不是湯姆。

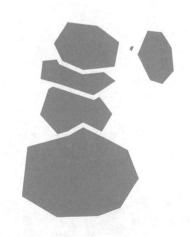

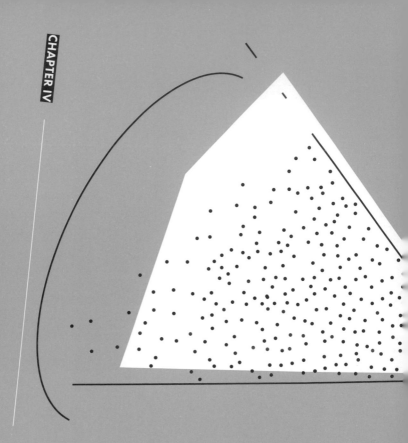

CHAPTER IV

THE THIRD (AND GOLDEN) BASIC LAW

第四章

蠢人基本定律第三條（黃金定律）

蠢人的定義就是
損人（個人或群
體）又不利己，

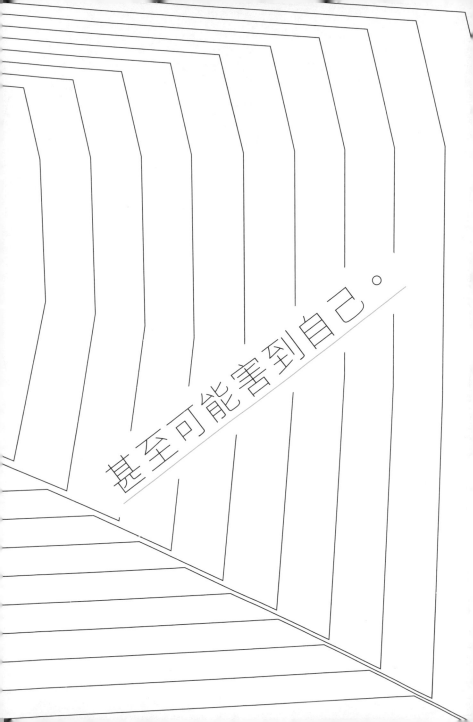

甚至可能害到自己。

A STUPID PERSON IS A PERSON

WHO CAUSES LOSSES TO

ANOTHER PERSON OR TO A

GROUP OF PERSONS WHILE

HIMSELF DERIVING NO GAIN

AND EVEN POSSIBLY INCURRING

LOSSES.

蠢人基本定律第三條雖然沒有明說，但已假設能把人類分成四大類別：**弱者**（the helpless）、**智者**（the intelligent）、**土匪**（the bandit）**和蠢人**（the stupid）。眼尖的讀者很快就會發覺，這四類正好對應上一章圖一的 H、I、B、S 四個象限（見 P36）。

假如湯姆採取一項行動，自己蒙受損失但迪克從中得利，那湯姆的記號就會落在 H 象限：湯姆採取了弱者的行動。假如湯姆從自身行動中得利，同時也讓迪克獲益，那就會記錄在 I 象限：湯姆採取了智者的行動。假如湯姆從自身行動中獲益，卻導致迪克蒙受損失，就要在 B 象限做記號：湯姆的行為就像土匪。至於蠢人行徑則會落在 S 象限，與原點 O 下方 Y 軸上的各個位置都有關。

基本定律第三條明確指出：

蠢人的定義就是損人（個人或群體）又不利己，甚至可能害到自己。

首次看見第三條定律時，理性的人會本能地心生懷疑、難以置信。實際上，對於莫名其妙的行為舉止，理性的人往往難以去設想或理解。且讓我們先拋開高不可攀的理論層面，實事求是地檢視日常生活。想必各位都碰過這樣的事：某人採取行動後只有他一人得利，周遭的我們全都有所損失，這表示我們得要對付土匪；大家絕對也有類似的經驗：有個人採取行動後害了自己而他人得利，意味著我們得與一個弱者打交道*；諸位應該也能憶起在某些情境中，有人採取行動後利人利己，那人

* 原書註：請務必注意先決條件是「某人・採取・行動」，決定落在哪一類的關鍵在於拿出作為的「某人」。某人因採取某種行動而造成損己利人的後果，就決定那人屬於「弱者」。若是「我」在做了某種行動的結果是利己而損人，就意味著我這人是「土匪」。

便是智者。生活中確實有這種智者存在。但深思熟慮過後，想必你也不得不承認，日常生活中出現智者的頻率並不高，而是多半充斥著這種情況：我們失去了金錢、時間、精力、食慾、快樂和健康，只爲疲於應付某種荒唐人類的離譜行徑；這種人明明自己一無所得、半點好處也撈不到，卻會讓我們尷尬又難受，甚或傷害我們。沒有人能夠知道或理解爲何有人可以離譜至此，當然也就無法解釋其所作所爲。說穿了，這根本無解——**唯一的理由就是此人很蠢。**

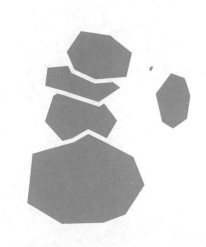

CHAPTER V

FREQUENCY DISTRIBUTION

第五章

蠢人、非蠢人

頻率分布

大多數人的行爲並不會前後一致。譬如。有人在某些情況下可以做出明智的行爲，但換成不同情況後，反而會做出弱者才有的行爲。唯一關鍵的例外就是：

蠢人在各種情況下，所作所為往往都展現出漂亮的一致性。

由此可見，我們在示意圖上並非只能標出蠢人的正確位置。其實我們可以根據每個人行爲的前後差異程度，計算出他們在圖一的加權平均位置。弱者可能偶爾也能做出聰明的行爲，或是表現得就像土匪一樣。但由於此人本質上屬於弱者，大部分行爲都具有弱者的特徵。因此，根據此人一切作爲的整體加權平均數值，會讓他／她落在示意圖的 H 象限。

由於該示意圖可以直接呈現個人落點，而非行爲落點，因此土匪、蠢人這兩類的頻率分布也勢必會出現不同的變化。

若某人的行爲對他人造成的損失完全等於自己得到利益，那人便是標準的土匪。而最粗暴的土匪行爲是盜竊。譬如，一個人搶走了你一百英鎊，但沒有造成額外的損傷，就是最標準的土匪：你少了一百英鎊，他得到一百英鎊。在示意圖中，「標準土匪型」會剛好落在一條四十五對角線上，把 B 象限分成兩個完全對稱的子象限（參照下頁圖二的 OM 線）。

然而，「標準」土匪的數量相對稀少。OM 線把 B 象限分爲兩個子象限：B_l（略帶聰明的土匪）和 B_s（略帶愚蠢的土匪）。目前來看，絕大多數的土匪都落在這兩個子象限內。

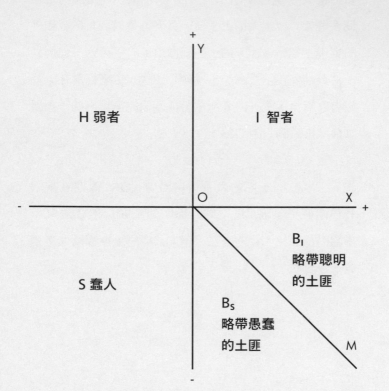

就 B_l 象限的土匪來說，他們的行為帶給自己的利益大於對別人造成的損失，出現在這個區域內的土匪頭腦還不錯，愈靠近 X 軸右側，就愈具有智者的特徵。可惜的是，落在 B_l 內的土匪數量並不多，土匪多半都落在 B_s 象限。

就 B_s 的土匪來說，他們的行為帶給自己的利益小於對其他人造成的損失。假如有人為了搶走你五十英鎊而痛下殺手，或是為了跟你太太到摩納哥蒙地卡羅共度週末而幹掉你，我們可以肯定那人不是標準的土匪。即使以**他／她的**價值觀來衡量個人利益（但仍運用**你的**價值觀來衡量**你的**損失），那人依然會落在 B_s 象限，與隔壁的「純粹愚蠢區」僅一線之隔。許多軍事將領毀城滅鎮、造成無數傷亡，只為了獲得一次晉升機會或拿到一枚勳章，自然也屬於 B_s 象限。

而蠢人的頻率分布與土匪截然不同。土匪大多分散在同一區域，蠢人卻大量集中分布在一條線上，特別是在原點 O 下方的 Y 軸上。原因在於，大多數蠢人都是蠢得

寸步不讓；換句話說，蠢人始終堅持不懈地造成他人的傷害和損失，自己卻一無所獲、沒有得亦沒有失。然而，有些蠢人甚至會做出不可思議的行為，不僅傷害到他人，也害了自己。這種蠢人可說是蠢得無以復加，根據我們的統計系統，他們只會出現在示意圖上 Y 軸左邊的 S 象限。

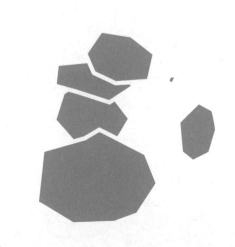

STUPIDITY
AND
POWER

第六章

愚蠢與權勢

正如一般人類，蠢人影響他人的能力可能天差地遠。有些蠢人通常只造成些許損失，而有些蠢人所做之事卻令人咋舌，損害範圍廣泛而可怖，不只衝擊一兩個人，而是危及整個社區、乃至全社會。蠢人的破壞潛力取決於兩大因素：首先，這個破壞潛力取決於基因。有些人遺傳到大量愚蠢基因，而且打從娘胎出生就隸屬於群體的菁英階級。第二大因素則攸關在社會中掌控的權勢位階。在文官、將領、政治人物和國家元首之中，不難發現顯而易見的蠢人蠢事例子，由於他們（曾經）位高權重，破壞潛力增強的幅度令人憂心。宗教界有頭有臉人士的影響也不容忽視。

理智的人經常提出這個問題：

蠢人何以能取得有權有勢的地位？

階級 (class) 和種姓制度 (caste) 都是社會安排結構 (social arrangement) 的一種，在工業革命來臨前的社會長河中，這種結構有利於蠢人一再取得位高權重的地位，而宗教

也是主因之一。在當代工業世界中，階級、種姓制度等相關詞彙與概念都遭到廢止，宗教逐漸式微；但取代階級和種姓的是政黨和文官體系，取代宗教的則是民主。在民主制度中，確保當權者中的蠢人仍能維持在一定比例 σ 的最有效手段即是選舉。別忘了，根據第二條定律，選民當中也有 σ 的比例是蠢人，選舉無疑給所有蠢人一個損人又不利己的大好機會；在蠢人的推波助瀾之下，當權者之中的 σ 比例始終穩定不變。　　　●

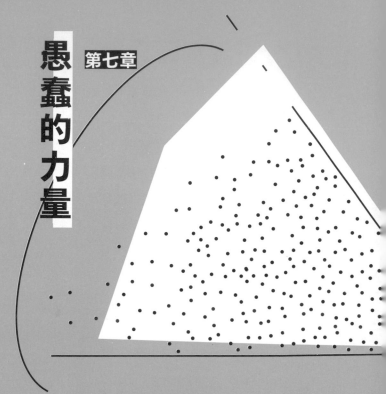

第七章

愚蠢的力量

THE

POWER

OF

STUPIDITY

社會、政治和機關權力何以強化蠢人的破壞潛力？這點其實不難理解。但有一點仍須說明後才能理解，那就是蠢人對他人產生危害的根本原因為何——換言之，究竟是什麼構成了愚蠢的力量？

蠢人本身之所以既危險又有殺傷力，是因為理智的人很難去想像或理解不合理的行為。智者也許能理解土匪的邏輯，畢竟土匪的行為依循著某種理性的模式——或可稱之為卑劣的理性，但終究仍是理性。土匪想要增加財富，但又沒聰明到能想出利人利己的方法，只好掠奪他人錢財來為自己牟利。這類行為很壞但合理，凡是理性的人都可以預見；你可以預見土匪的所作所為、很清楚他們卑劣的伎倆和醜陋的野心，因此往往可以事先防範。

但倘若你遇到的是蠢人，上述方法就絕對行不通，正如基本定律第三條所說：

蠢人會無緣無故地騷擾你，他們不但從中得不到任何好處、缺乏任何計畫，選擇的時間或地點也莫名其妙。

你無法用理性判斷蠢人來襲的時間、方法以及原因。被迫面對蠢人時，你只能完全任他擺布。

由於蠢人的行為不符合理性原則，因此會出現下列兩種情況：

一、蠢人來襲，通常令人措手不及。

二、即使意識到蠢人來襲，也無法理性地與之抗衡，因為其攻擊本身缺乏任何理性的架構。

蠢人的活動與行動實在難以預測又毫無理性可言，不僅讓人防不勝防，任何反擊都只是徒勞——這就好比要射中移動軌跡飄忽不定、有違常理的物體，簡直是天方夜譚。

英國文豪狄更斯（Charles Dickens）曾表示：**「人只要夠蠢、腸胃夠好，就能裝模作樣。」**（With stupidity and sound digestion man may front much.）* 德國詩人席勒（Friedrich Schiller）也寫過：**「就連神明都拿愚蠢沒輒。」**（Against stupidity the very Gods fight in vain.）兩人所言可謂異曲同工啊！

---

* 譯按：此句應出自蘇格蘭作家湯瑪斯‧卡萊爾（Thomas Carlyle），為尊重已故作者與保持原著之原汁原味，特以註解說明。

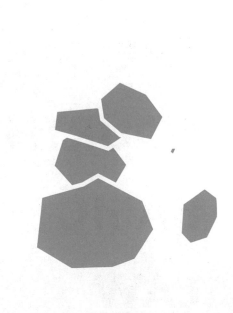

CHAPTER VIII

THE
FOURTH
BASIC
LAW

第八章

蠢人基本定律 第四條

「非蠢人老是低估蠢人的破壞力，尤其容易忘記，

凡是與蠢人來往或打交道，不分時間、地點或場合，最後只會付出極高代價，證明自己當初大錯特錯。

NON-STUPID PEOPLE ALWAYS UNDERESTIMATE THE DAMAGING POWER OF STUPID INDIVIDUALS. IN PARTICULAR NON-STUPID PEOPLE CONSTANTLY FORGET THAT AT ALL TIMES AND PLACES AND UNDER ANY CIRCUMSTANCES TO DEAL AND/OR ASSOCIATE WITH STUPID PEOPLE INFALLIBLY TURNS OUT TO BE A COSTLY MISTAKE.

在分類示意圖中落在 H 象限的弱者，通常不會發覺蠢人有多危險，這其實一點也不意外。弱者的失敗不過是軟弱無用的另一種表現。真正出人意料的是，智者和土匪也常常未能發覺蠢人固有的破壞力量。這樣的情況實在難以解釋，只能說在面對蠢人之時，智者和土匪往往會犯下一個錯誤，即沉浸在自滿和不屑一顧之中，結果未能分泌出足夠的腎上腺素來做好防禦措施。

一般人很容易作如是想：蠢人只會害到自己。但這純粹是把蠢人誤認為弱者罷了；偶爾也會有人想跟蠢人建立關係，企圖利用蠢人來遂行自己的計畫。但這種伎倆只會導致兩種嚴重的後果：

第一、完全誤解了愚蠢的本質。

第二、給了蠢人更多發揮天賦的舞台。

有人或許希望靠頭腦壓制蠢人，而且多多少少也真的做到了。但由於蠢人的行為難以捉摸，我們並無法預見蠢

人所有的行動和反應，因此不久後就會被他們飄忽不定的舉動所擊垮。

蠢人基本定律第四條就明確地指出這點：

非蠢人老是低估蠢人的破壞力，尤其容易忘記，凡是與蠢人來往或打交道，不分時間、地點或場合，最後只會付出極高代價，證明自己當初大錯特錯。

世紀不斷變遷、千年歲月如流，公共領域也好、個人生活也罷，未考量到第四條定律的大有人在，人類因此蒙受了難以估計的損失。

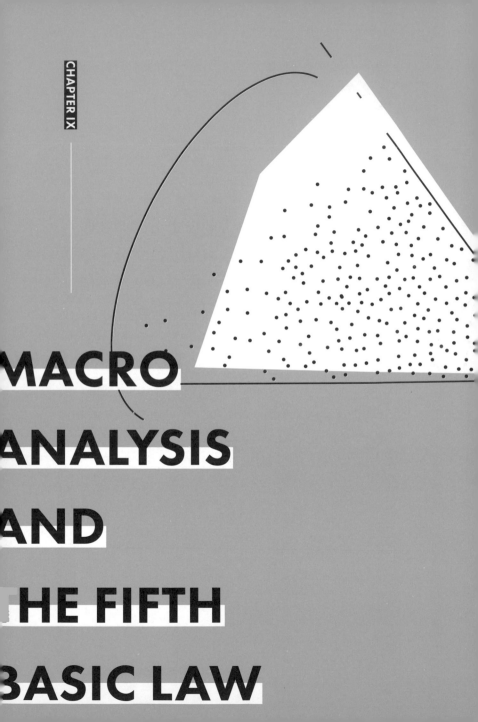

CHAPTER IX

MACRO ANALYSIS AND THE FIFTH BASIC LAW

第九章

宏觀分析暨蠢人基本定律 第五條

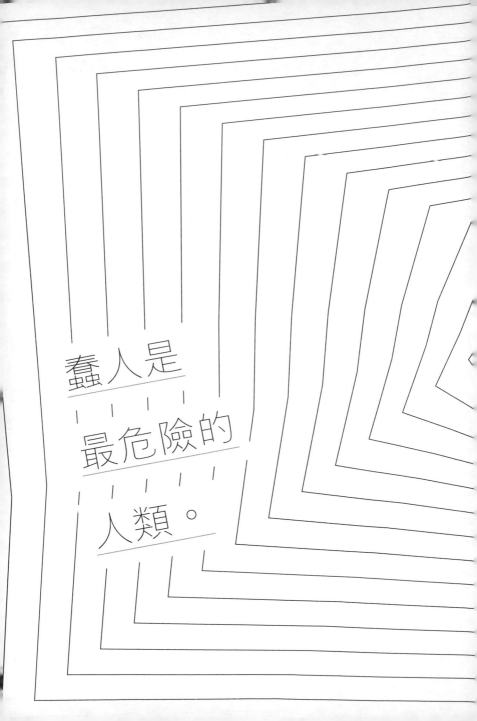

蠢人是
最危險的
人類。

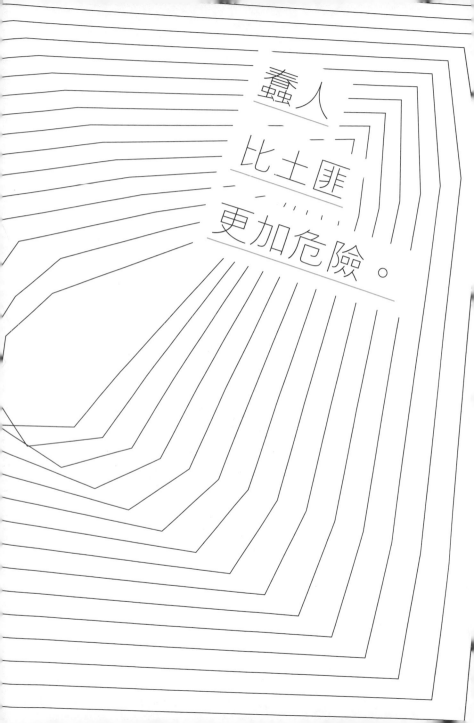

蠢人
比土匪
更加危險。

A STUPID PERSON IS THE MOST
DANGEROUS TYPE OF PERSON.

A STUPID PERSON IS MORE
DANGEROUS THAN A BANDIT.

前一章結尾提到的考量，有利於進行宏觀分析：我們先擱置一己之私利，改而思考社會整體的福祉，在此脈絡下，社會福祉即指個人情況的代數和（algebraic sum）。宏觀分析的關鍵是充分理解第五條定律。在此可以補充的是，蠢人五大基本定律之中，第五條肯定最為知名，也經常有人引用其背後的推論，完整內容如下：

蠢人是最危險的人類。

這條背後的推論是：

蠢人比土匪更加危險。

第五條定律及背後的推論仍屬於微觀層面。然而如上所述，兩者本質上都帶有宏觀的深遠意涵。

務必牢記的要點是：標準土匪（詳參 P54 圖二 OM 線上的人）所作所爲的結果，純粹是屬於財富、福祉的轉移。這類土匪採取行動之後，其個人的利益完全等同於帶給對方的損失。社會整體既沒有變好也沒有變壞。如果社會每一份子都是標準的土匪，社會就會停滯不前，但不至於發生重大災難；整件事無異於財富與福祉的大規模轉移，凡是採取行動的土匪就能得利。假如社會每一份子都定期輪流當土匪，小至個人、大至社會整體，都會發現自己處於完全穩定的狀態，始終不會有任何變化。

但是蠢人採取行動時，情勢就會朝截然不同的方向發展。蠢人帶給別人損失，自己卻沒有獲得相應的利益，將導致整個社會衰敗。

根據分類示意圖顯示的結果，落在 POM 線右邊的所有個人行爲（參照圖三）多少能提升社會福祉，但同一條線左側區域內的所有個人行爲，則會加速社會沉淪。

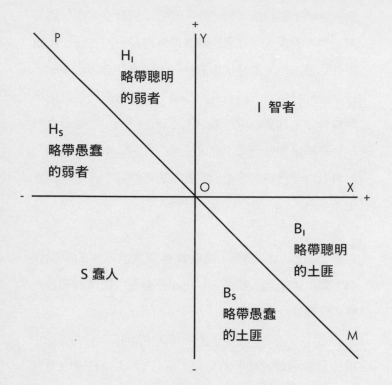

換句話說，略帶聰明的弱者（H_l 子象限）、略帶聰明的土匪（B_l 子象限）以及最關鍵的智者（I 象限）都替社會福祉做出了程度不一的貢獻。另一方面，略帶愚蠢的土匪（B_s 子象限）和略帶愚蠢的弱者（H_s 子象限）反而惡化了蠢人所造成的損失，從而加強了蠢人包藏禍心的破壞力。

這些事實在在凸顯了對於社會運作的反思。根據第二條定律，蠢人的比例是固定的常數（σ），不受時間、空間、種族、階級等任何社會文化或歷史變因的影響。假如你以為衰敗社會的蠢人比例，高於新興社會的蠢人比例，那可就大錯特錯了；兩個社會其實被同樣比例的蠢人所拖累，唯一的差別在於，在衰敗社會中：

一、蠢人在其他成員默許下，變得更加活躍、採取更多行動。

二、非蠢人的組成發生變化，I、H_l、B_l 等區域

**的人數相對減少，Hs 和 Bs 的人數則等比例
增加**。

詳盡分析歷史上各種實例後，都能一再地證實這項理論
假設（theoretical assumption）。實際上，歷史分析讓我們能夠
用更符合事實的方式，並透過更具體的細節，來重新表
述結論。

無論我們思考的是古典時代、中世紀、現代還是當代，
都不得不服膺一項既定事實：凡是崛起中的國家，不可
避免地都有著 σ 比例的蠢人，但也會有比例相當高的智
者，設法遏制 σ 比例的蠢人，同時為自己和社會共同體
的其他成員創造充分利益，讓社會進步成為必然。

至於正在衰敗的國家，蠢人比例仍然等於 σ；然而在其
餘人口中，我們會察覺到當權者之中略帶愚蠢的土匪
（圖三 B 象限中的 Bs）的數量急遽增加，令人擔憂；
非當權者中，弱者的數量同樣出現驚人成長（圖一 H
象限）。非蠢人的組成出現如此變化，無疑加劇了蠢人

比例 σ 的破壞力，導致衰退成爲必然，國家也一步步墜入地獄。　　　　　　　　　　　　　　　　　　　　　⬭

附錄
APPENDIX

接下來提供空白的分類示意圖，各位讀者

可以用來記錄當下所遇到的個人或團體，

嚴謹地審視其所作所為，做出有效的評價

後，進而採取合理的行動方案。

下圖為範例說明，請依照實際情況填寫。

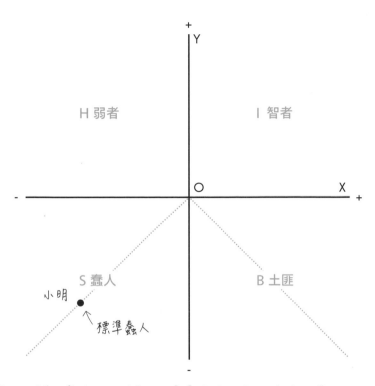

X = ＿＿＿＿小明＿＿＿＿ ← 填入欲分析的對象

Y = ＿＿＿＿王大強＿＿＿ ← 填入您的大名

小明放假消息攻擊阿玉跟上司有一腿，害得阿玉和上司被八卦側目好幾天，不過他蠢到用自己的 email 寄黑函，被抓包後大 boss 直接叫他走人 ...

分析： 他害了阿玉和上司不說，還搞得整個部門氣氛很怪，大家都無心上班 <<< 害了全部門

被抓包後他成了過街老鼠，還丟了工作，聽說太太和小孩也不諒解他 <<< 害己

結論： 標準 S 蠢人 (也太笨！) 謝謝不聯絡！！！

X = ＿＿＿＿＿＿＿＿＿＿＿＿＿＿＿ （欲分析的對象）

Y = ＿＿＿＿＿＿＿＿＿＿＿＿＿＿＿ （您的大名）

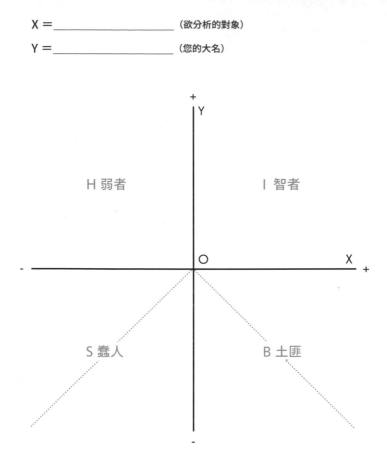

X = _____ （欲分析的對象）

Y = _____ （您的大名）

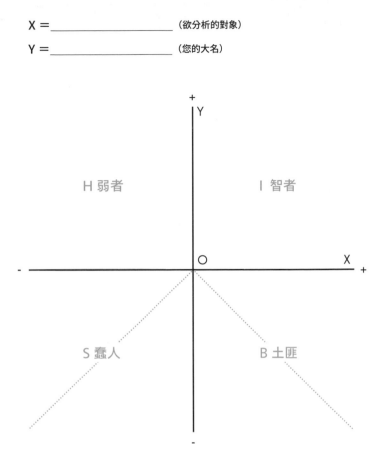

X = _____ （欲分析的對象）

Y = _____ （您的大名）

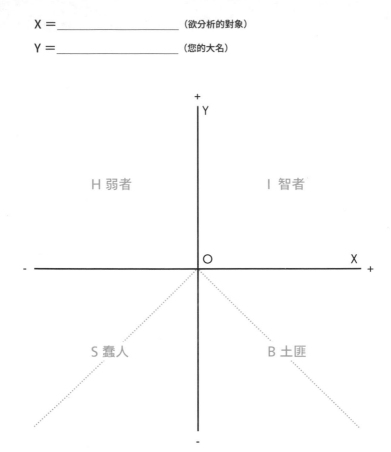

X = ＿＿＿＿＿＿＿＿＿＿＿＿ （欲分析的對象）

Y = ＿＿＿＿＿＿＿＿＿＿＿＿ （您的大名）

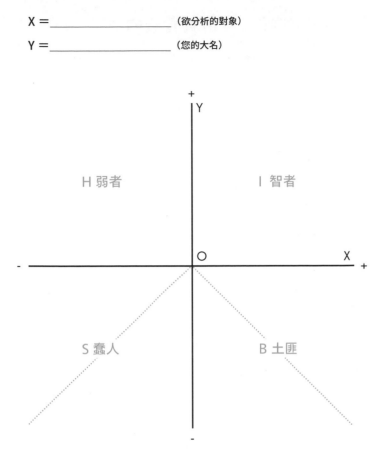

後記——出版背後的故事
EPILOGUE: THE STORY BEHIND THE PUBLICATION

故事要從一九七三年說起，當時舉世聞名的經濟史學家卡洛・M・契波拉正在埋首撰寫其巨著《前工業時代歐洲經濟史》（*An Economic History of Pre-Industrial Europe*），有一天，他拜託幫他出書的義大利穆利諾出版社（il Mulino）將他用英文寫的一篇幽默論文《胡椒、酒（與羊毛）：牽動中世紀社經發展之動態因素》印製成冊，希望當成餽贈親朋好友的耶誕禮物，而且還刻意以「磨坊瘋人」的名義出版 *。

一九七六年八月，契波拉又以英文完成了另一篇諷刺意味濃厚的文章《蠢人基本定律》，同樣交由穆利諾限量印製一百本左右，只有他所認可的親友可以獲得此書。契

---

* 編按：此出版社實際上並不存在。

波拉認為，《蠢人基本定律》唯有閱讀英文原文才能充分欣賞並理解其意，並堅信一旦經翻譯過後，將會喪失原有的「斯威夫特式幽默」（Swiftian humor）**，因此長年以來都拒絕將其譯成義大利文。直到一九八七年，由於眾多讀者口耳相傳、爭相走告此書，契波拉終於抵擋不住好評如潮的壓力，點頭答應讓穆利諾集結前兩篇文章，出版了義大利文的版本，也就是一九八八年問市的《快，但不過快》一書。

這本輕薄小書成就斐然，一舉成為該出版社最膾炙人口的暢銷之作，光在義大利就熱銷超過三十五萬冊，而後陸續在法國、德國、西班牙、希臘、土耳其、葡萄牙、匈牙利、捷克、羅馬尼亞、日本、韓國等國翻譯上市。

** 編按：Swiftian 引申表示「諷刺的」，此形容詞源自英國知名諷刺作家喬納森‧斯威夫特（Jonathan Swift），他既是牧師，也是愛爾蘭爭取自由與獨立運動的鬥士，一生撰寫許多政治文宣手冊，卻以《格列佛遊記》（Gulliver's Travels）聞名於世，著實諷刺。

諷刺的是，英美語系國家的出版社卻始終沒有興趣正式
出版本書（這等命運的捉弄，相信生性幽默的作者也會
一笑置之），導致以英文為母語的人也一直沒有機會認
識何謂「蠢人五大定律」，更無緣領略作者如何在維持惡
搞諧趣風格之餘，同時體現了嚴謹治學的學者精神。

最後，從契波拉最早自行印書餽贈親友開始算起，又歷
經了長達三十五年的等待，穆利諾才終於以自家出版社
之名，隆重推出這本早已存在的英文原典，推廣嘉惠世
界各地更多的讀者。

關於作者
ABOUT THE AUTHOR

卡洛．M．契波拉（CARLO M. CIPOLLA，1922～2000）是義大利經濟史學家、美國傅爾布萊特計畫訪問學人（Fulbright Fellow）及加州大學柏克萊分校（University of California, Berkeley）教授。

一九八九年，英國國家學術院（British Academy）授予契波拉非該國居民最高榮譽的通訊院士（Corresponding Fellow）。

一九九五年，他以「經濟史」獲頒國際學術大獎巴爾贊獎（International Balzan Prize，與諾貝爾齊名），在義大利、瑞士兩國獲得多所大學頒贈榮譽博士學位。

《蠢人基本定律》為契波拉畢生經典，至今已翻譯成十多種語言，全球累銷超過五十萬冊。

蠢人基本定律
The Basic Laws of Human Stupidity

認清、接受、抵擋人類愚蠢的本質與破壞力

作　　者　卡洛・M・契波拉 Carlo M. Cipolla
譯　　者　林步昇
主　　編　林昀彤
編輯協力　黃祥生
設　　計　劉孟宗

讀書共和國出版集團

社長／郭重興　｜　發行人／曾大福　｜　業務平臺總經理／李雪麗
業務平臺副總經理／李復民　｜　實體通路協理／林詩富　｜　網路暨海外通路協理／張鑫峰
特販通路協理／陳綺瑩　｜　印務／江域平、李孟儒

編輯出版　遠足文化事業股份有限公司　拾青文化
發　　行　遠足文化事業股份有限公司
　　　　　http://www.bookrep.com.tw
　　　　　23141 新北市新店區民權路 108-2 號 9 樓
　　　　　電話：(02) 22181417
　　　　　客服專線：0800-221029 傳真：(02) 86671065
　　　　　郵撥帳號：19504465 戶名：遠足文化事業股份有限公司
法律顧問　華洋法律事務所／蘇文生律師
印　　製　呈靖彩藝有限公司
初版一刷　2022 年 11 月
定　　價　300 元
ISBN　　　978-626-95987-4-8

版權所有・侵害必究
本書如有缺頁、破損或裝訂錯誤，請寄回更換

THE BASIC LAWS OF HUMAN STUPIDITY by CARLO M. CIPOLLA

Copyright: © 1988 by Società editrice il Mulino, Bologna
This edition arranged with Società editrice il Mulino S.p.a.
through BIG APPLE AGENCY, INC., LABUAN, MALAYSIA.
Traditional Chinese edition copyright:
2022 Eureka Culture, a division of Walkers Cultural Enterprises, Ltd.
All rights reserved.

國家圖書館出版品預行編目 (CIP) 資料

蠢人基本定律：認清、接受、抵擋人類愚蠢的本質
與破壞力 / 卡洛‧M‧契波拉（Carlo M. Cipolla）
著 ; 林步昇譯‧初版‧新北市 : 遠足文化事業股份有
限公司拾青文化出版 : 遠足文化事業股份有限公司
發行 , 2022.11
104 面 ; 12.8×19 公分‧（thinkin' tank ; 4）
譯自 : The Basic Laws of Human Stupidity
ISBN 978-626-95987-4-8（精裝）
1.CST: 人類行為 2.CST: 人際關係

176.8   111018346